Made in the USA
Las Vegas, NV
25 November 2022

60250274R10330